Pablo Neruda

1904–1973

ON THE BLUE SHORE OF SILENCE

A LA ORILLA AZUL DEL SILENCIO

A LA ORILLA AZUL DEL SILENCIO

Poemas del Mar

Traducciones al inglés por Alastair Reid
Pinturas del mar en Isla Negra por Mary Heebner
Epílogo por Antonio Skármeta

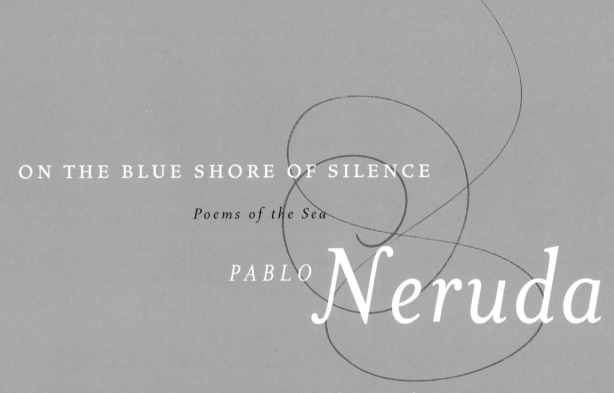

ON THE BLUE SHORE OF SILENCE

Poems of the Sea

PABLO Neruda

English translations by Alastair Reid
Paintings of the sea at Isla Negra by Mary Heebner
Afterword by Antonio Skármeta

 rayo
An Imprint of HarperCollinsPublishers
Una rama de

A LA ORILLA AZUL DEL SILENCIO / ON THE BLUE SHORE OF SILENCE

Los libros de HarperCollins pueden ser adquiridos para uso educacional, comercial, o promocional. Para recibir más información, diríjase a: Special Markets Department, HarperCollins Publishers Inc., 10 East 53rd Street, New York, NY 10022.

HarperCollins books may be purchased for educational, business, or sales promotional use. For information, please write: Special Markets Department, HarperCollins Publishers Inc., 10 East 53rd Street, New York, NY 10022.

Agradecemos a Farrar, Strauss & Giroux, a Jonathan Cape, a la Agencia Literaria Balcells y a los herederos de Pablo Neruda por darnos permiso para reimprimir estos poemas.

Frontispicio de Pablo Neruda © Henri Cartier-Bresson/ Magnum Photos

PRIMERA EDICIÓN

Diseño del libro por Shubhani Sarkar

Impreso en papel sin ácido

Library of Congress Cataloging-in-Publication Data esta disponible.

Grateful acknowledgment is made to Farrar, Strauss & Giroux, Jonathan Cape, the Carmen Balcells Literary Agency and the Estate of Pablo Neruda for permission to reprint these poems.

Frontispiece of Pablo Neruda © Henri Cartier-Bresson/ Magnum Photos

FIRST EDITION

Book design by Shubhani Sarkar

Printed on acid-free paper

Library of Congress Cataloging-in-Publication Data is available.

ISBN 0-06-059184-6

04 05 06 07 08 ❖|TOP 10 9 8 7 6 5 4 3 2

The artist and the translator dedicate this book,

with deep affection, to two extraordinary women

who helped bring it into being:

~Pipina Prieto Lewis and Patricia Cepeda~

La artista y el traductor les dedican este libro

con afecto profundo a dos mujeres extraordinarias

que ayudaron a que fuera una realidad:

~Pipina Prieto Lewis y Patricia Cepeda~

Índice

Contents

Nota de la Artista

Aunque Isla Negra no es en realidad una isla, es, sin lugar a dudas, un oasis de ideas, alegrías y humanidad, concentradas dentro de una casa de madera espaciosa situada sobre un océano inquieto. Yo había visitado la casa de Pablo Neruda en Isla Negra varias veces, sintiendo la calma provocada por el litoral que es el reflejo de la costa escarpada de California. Después de uno de esos viajes, en 1999, imaginé pinturas que me trajeron de nuevo a la mente recuerdos de los figurines de madera—algunos con ojos de vidrio tristones—que miraban al mar desde la ventana de su sala. En mi estudio de Santa Bárbara empapé grandes hojas de papel fibroso japonés con charcos de pigmento azul-gris. Formas ocultas surgieron de estas pequeñas lagunas de color, y usé pintura y tiras de tela tapa para insinuar elementos de forma humana, y de esta manera recordar tanto los mascarones de proas de barcos que yo había trazado cuando estuve en Chile, como las costas azules del Pacífico.

El mismo mar que fue una constante presencia para Pablo Neruda dio lugar a mi serie de pinturas de Isla Negra. Yo quería relacionarlas con los poemas que él había escrito sobre el mar. Alastair Reid estableció el nexo entre ambos mientras me guiaba a través de los volúmenes de poemas—muchos de los cuales yo nunca antes había visto—, y me dirigía hacia aquellos que tenían «carne sobre los huesos».

Alastair me permitió usar sus traducciones en la edición limitada original de cincuenta ejemplares de poesía que yo realicé sobre papel de hilo hecho a mano e impresos en litografía con estampación de las pinturas en tamaño natural. El título de ese tomo, *A la Orilla Azul del Silencio,* proviene del poema *Olvídate de mí.* El tiempo transcurrido con Alastair, escuchando las historias sobre su amistad con Pablo, mientras escogíamos los poemas, los leíamos en alta voz y divagábamos sobre el mar y Chile, el idioma, el color y la luz, resultó ser una alegría inesperada que trajo la realización de este libro.

MARY HEEBNER

Artist's Note

Although Isla Negra is not really an island, it is indeed an oasis of ideas, humor and humanity concentrated within a rambling wooden house poised above a restless ocean. I had visited Pablo Neruda's home in Isla Negra, Chile, several times, put at ease by a rugged shoreline that is the mirror image of California's. After one such trip, in 1999, I imagined paintings that might summon up those memories fresh in mind—of the wooden figureheads, some with doleful glass eyes, staring out to sea from his living room window. In my Santa Barbara studio, I saturated large sheets of a fibrous Japanese paper with puddles of bluish-gray pigment. Hidden shapes emerged from these little seas of color. I used paint and strands of *tapa* cloth to suggest elements of human form, thus recalling both the ship's figureheads I'd sketched while in Chile as well as the blue shores of the Pacific.

The same sea that was a constant presence to Pablo Neruda also brought into being my Isla Negra series of paintings. I wanted to couple these paintings with poems that Neruda had written about the sea. Alastair Reid made the connection between the two, by guiding me through volumes of poetry—many of which I had never seen before—and steering me towards those "with meat on their bones."

He agreed to let me use his translations for the original limited edition of fifty books that I made with handmade linen paper, poetry-printed letterpress with full-sized prints of the paintings. The title, *On the Blue Shore of Silence,* came from the poem "Forget About Me." One unexpected joy of producing this book of poems of the sea was the time spent with Alastair listening to his stories about his friendship with Pablo as we selected poems, read them aloud, digressed about the sea and Chile, language, color, and light.

MARY HEEBNER

Nota del Traductor

Estos poemas fueron escritos por Neruda en su mayoría durante una época de su vida a la que él se refería—alegremente—como su «otoño». Ya había quedado atrás un estante lleno de libros excepcionales, tan vasto y variado como el mismo mar. Después de una larga vida pública como diplomático, senador y embajador cultural, al igual que poeta, vino a descansar (en la década de los cincuenta) con su nuevo amor, Matilde, a su casa de Isla Negra. Le gustaba llamarse a sí mismo «un marinero de salón», y su casa confirmaba su personalidad, con sus colecciones de mascarones de proa, maquetas de barcos en botellas, astrolabios, sextantes, conchas, maderas flotantes, trofeos de sus múltiples viajes. La luz que emitían las olas al romper durante la marea, alta hacía lucir mas blancas aún las habitaciones, donde los sonidos nunca se silenciaban. El mar había sido siempre para él como una metáfora central de sus idas y venidas; una fuente cambiante de admiración y temor, de belleza y terror. En Isla Negra era una presencia física constante en los poemas que escribía en ese momento, y los artículos de su casa eran como su vocabulario particular. Yo recuerdo cómo en algunos momentos, cuando caminaba allá por la playa con él buscando ágatas, Neruda entraba en una especie de trance o meditación, como si escuchara una onda sonora, una voz, como un alumno devoto y asombrado de lo que él llamó, en uno de esos poemas, «la universidad del oleaje».

ALASTAIR REID

Translator's Note

Neruda wrote most of these poems at a time in his life he referred to, happily, as his "autumn." Already he had left behind him a shelf of remarkable books, as vast and varied as the sea itself. After a long public life, as diplomat, as senator, as cultural ambassador as well as poet, he came to rest in the '50s, with his new love, Matilde, in his house at Isla Negra. He liked to call himself an "armchair sailor," and the house bore him out with its collections of ships' figureheads, ships-in-bottles, astrolabes, sextants, shells, driftwood—trophies from his many voyages. At high tide, the light from the breaking waves would whiten the rooms, its rumors never still. The sea had been for him always a central metaphor for his comings and goings, a shifting source of awe and fear, of beauty and terror. In Isla Negra, it was a constant physical presence in the poems he was then writing, the objects in his house like his private vocabulary. Walking the beach with him there, looking for agates, I remember how, at times, he would go into a kind of trancelike meditation, as though listening to a wavelength, a voice—like a devoted and awestruck student in what he called, in one of these poems, the "university of the waves."

ALASTAIR REID

ON THE BLUE SHORE OF SILENCE

A LA ORILLA AZUL DEL SILENCIO

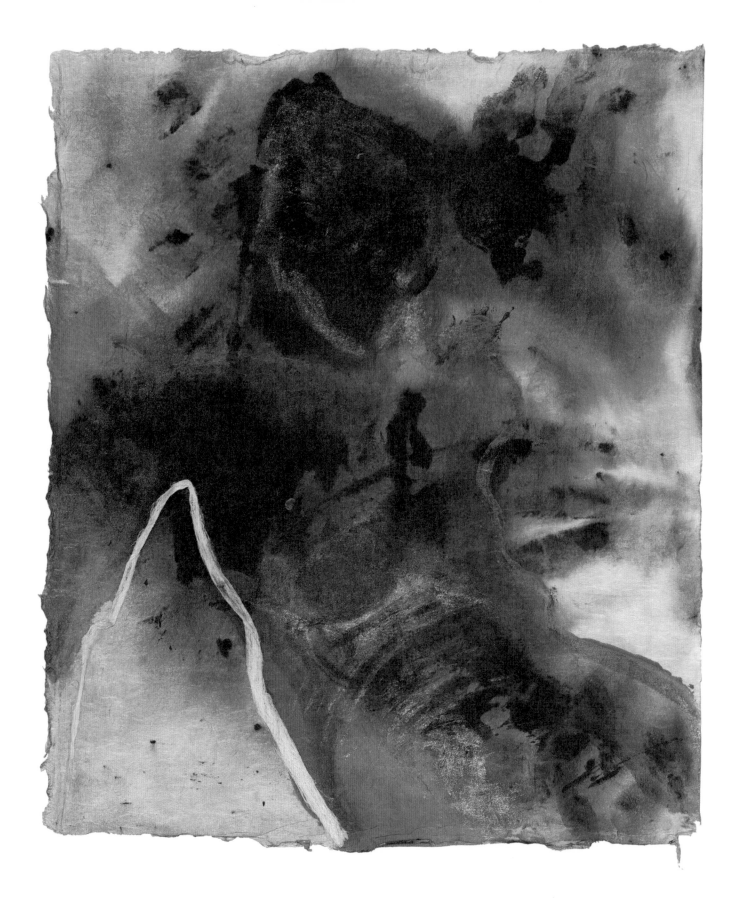

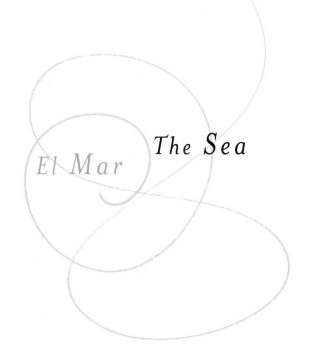

El Mar   The Sea

El Mar

Necesito del mar porque me enseña:
no sé si aprendo música o conciencia:
no sé si es ola sola o ser profundo
o sólo ronca voz o deslumbrante
suposición de peces y navíos.
El hecho es que hasta cuando estoy dormido
de algún modo magnético circulo
en la universidad del oleaje.

No son sólo las conchas trituradas
como si algún planeta tembloroso
participara paulatina muerte,
no, del fragmento reconstruyo el día,
de una racha de sal la estalactita
y de una cucharada el dios inmenso.

Lo que antes me enseñó lo guardo! Es aire,
incesante viento, agua y arena.

Parece poco para el hombre joven
que aquí llegó a vivir con sus incendios,
y sin embargo el pulso que subía
y bajaba a su abismo,
el frío del azul que crepitaba,
el desmoronamiento de la estrella,
el tierno desplegarse de la ola
despilfarrando nieve con la espuma,
el poder quieto, allí, determinado
como un trono de piedra en lo profundo,
substituyó el recinto en que crecían
tristeza terca, amontonando olvido,
y cambió bruscament mi existencia:
de mi adhesión al puro movimiento.

I need the sea because it teaches me.
I don't know if I learn music or awareness,
if it's a single wave or its vast existence,
or only its harsh voice or its shining
suggestion of fishes and ships.
The fact is that until I fall asleep,
in some magnetic way I move in
the university of the waves.

It's not simply the shells crunched
as if some shivering planet
were giving signs of its gradual death;
no, I reconstruct the day out of a fragment,
the stalactite from a sliver of salt,
and the great god out of a spoonful.

What it taught me before, I keep. It's air
ceaseless wind, water and sand.

It seems a small thing for a young man,
to have come here to live with his own fire;
nevertheless, the pulse that rose
and fell in its abyss,
the crackling of the blue cold,
the gradual wearing away of the star,
the soft unfolding of the wave
squandering snow with its foam,
the quiet power out there, sure
as a stone shrine in the depths,
replaced my world in which were growing
stubborn sorrow, gathering oblivion,
and my life changed suddenly:
as I became part of its pure movement.

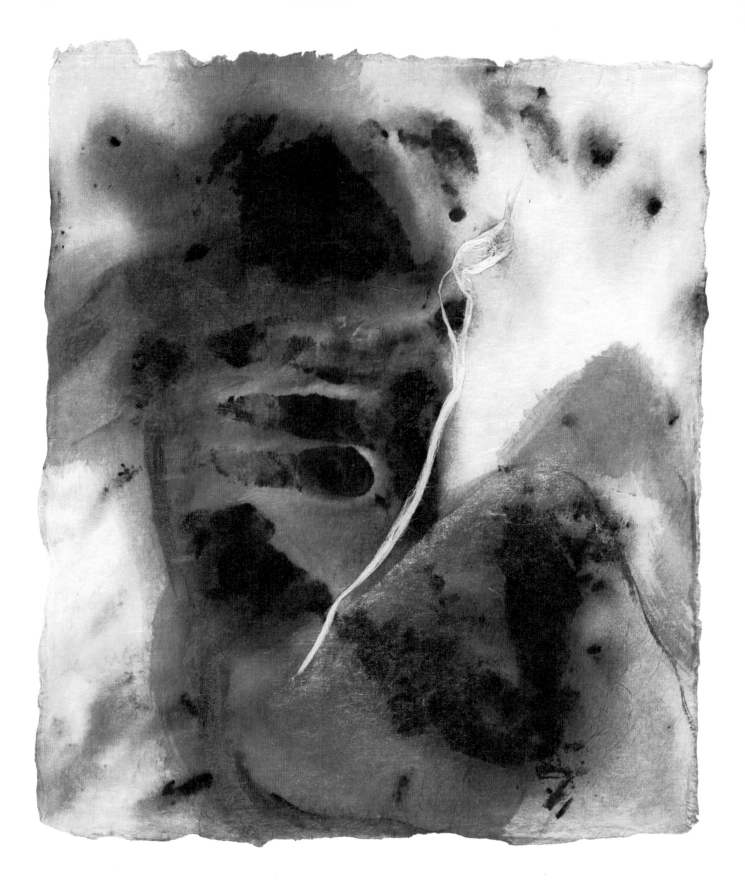

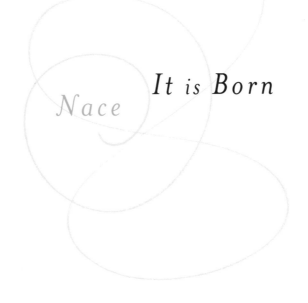

Nace   *It is* **Born**

Nace

Yo aquí vine a los límites
en donde no hay que decir nada,
todo se aprende con tiempo y océano,
y volvía la luna,
sus líneas plateadas
y cada vez se rompía la sombra
con un golpe de ola
y cada día en el balcón del mar
abre las alas, nace el fuego
y todo sigue azul como mañana.

Here I came to the very edge
where nothing at all needs saying,
everything is absorbed through weather and the sea,
and the moon swam back,
its rays all silvered,
and time and again the darkness would be broken
by the crash of a wave,
and every day on the balcony of the sea,
wings open, fire is born,
and everything is blue again like morning.

El Primer Mar   The First Sea

El Primer Mar

Descubrí el mar. Salia de Carahue
el Cautín a su desembocadura
y en los barcos de rueda comenzaron
los sueños y la vida a detenerme,
a dejar su pregunta en mis pestañas.
Delgado niño o pájaro,
solitario escolar o pez sombrío,
iba solo en la proa,
desligado
de la felicidad, mientras
el mundo
de la pequeña nave
me ignoraba
y desataba el hilo
de los acordeones,
comían y cantaban
transeúntes
del agua y del verano,
yo, en la proa, pequeño
inhumano,
perdido,
aún sin razón ni canto
ni alegría,
atado al movimiento de las aguas
que iban entre los montes apartando
para mí solo aquellas soledades,
para mí solo aquel camino puro,
para mí solo el universo
Embriaguez de los ríos,
márgenes de espesuras y fragancias,
súbitas piedras, árboles quemados,
y tierra plena y sola.
Hijo de aquellos ríos
me mantuve
corriendo por la tierra,
por las mismas orillas

The First Sea

I discovered the sea. From Carahue
the river Cautín flowed to its estuary
and, in the paddleboats,
dreams and another life began to possess me,
leaving questions in my eyelashes.
A frail child, a bird,
a solitary student or a shadowy fish,
I stood alone in the prow,
aloof
from joy, while
the world
of the little ship,
unaware of me,
unwound the thread
of the accordions.
The passing visitors
of summer and the water
were eating and singing.
I, in the prow, small,
hardly human,
lost,
still without mind or voice
or joy,
transfixed by the movement of the water
flowing between the receding mountains—
mine alone were those solitary places,
mine alone that elemental pathway,
mine alone the universe.
Rapture of the rivers,
banks of thicket and fragrance,
sudden boulders, burnt-out trees,
and land, ample and lonely.
Child of those rivers,
I kept on
traveling the earth
along the same river edges

hacia la misma espuma
y cuando el mar de entonces
se desplomó como una torre herida,
se incorporó encrespado de su furia,
salí de las raíces,
se me agrandó la patria,
se rompió de la unidad de la madera:
la cárcel de los bosques
abrió una puerta verde
por donde entró la ola con su trueno
y se extendió mi vida,
con un golpe de mar, en el espacio.

toward the same sea-foam
and when the sea of that time
crashed down like a broken tower,
rose curling in its rage,
I broke free of my roots.
My country grew in size.
My world of wood split open.
The prison of the forests
opened a green door,
letting in the wave in all its thunder,
and, with the shock of the sea,
my life widened out into space.

Soliloquio
en las Olas

*Soliloquy in the
Waves*

Sí, pero aquí estoy solo.
Se levanta
una ola,
tal vez dice su nombre, no comprendo,
murmura, arrastra el peso
de espuma y movimiento
y se retira. A quién
preguntaré lo que me dijo?
A quién entre las olas
podré nombrar?
Y espero.
Otra vez se acercó la claridad,
se levantó en la espuma
el dulce número
y no supe nombrarlo.
Así cayó el susurro:
se deslizó a la boca de la arena:
el tiempo destruyó todos los labios
con la paciencia
de la sombra y el
beso anaranjado
del verano.
Yo me quedé solo
sin poder acudir a lo que el mundo,
sin duda, me ofrecía,
oyendo
cómo se desgranaba la riqueza,
las misteriosas uvas
de la sal, el amor desconocido
y quedaba en el día degradado
sólo un rumor
cada vez más distante
hasta que todo lo que pudo ser
se convirtió en silencio.

Yes, but here I am alone.
A wave
builds up,
perhaps it says its name, I don't understand,
it mutters, humps in its load
of movement and foam
and withdraws. Who
can I ask what it said to me?
Who among the waves
can I name?
And I wait.
Once again the clearness approached,
the soft numbers
rose in foam
and I didn't know what to call them.
So they whispered away,
seeped into the mouth of the sand.
Time obliterated all lips
with the patience
of shadow and
the orange kiss
of summer.
I stayed alone,
unable to respond to what the world
was obviously offering me,
listening to
that richness spreading itself,
the mysterious grapes
of salt, love unknown,
and in the fading day
only a rumor remained,
further away each time,
until everything that was able to
changed itself into silence.

El Pescador   The Fisherman

El Pescador

Con larga lanza el pescador desnudo
ataca al pez pegado al roquerío
el mar el aire el hombre están inmóviles
tal vez como una rosa la piedad
se abre al borde del agua y sube lenta
deteniendo en silencio la dureza
parece que uno a uno los minutos
se replegaron como un abanico
y el corazón del pescador desnudo
tranquilizó en el agua su latido
pero cuando la roca no miraba
y la ola olvidaba sus poderes
en el centro de aquel planeta mudo
se descargó el relámpago del hombre
contra la vida inmóvil de la piedra
clavó la lanza en la materia pura
el pez herido palpitó en la luz
cruel bandera del mar indiferente
mariposa de sal ensangrentada.

The Fisherman

With his long spear the naked fisherman
attacks the fish trapped in the rock pool
the sea the air the man are still
suggesting a rose a gentleness
spreads from the edge of the water and rises
enclosing the bluntness in silence
one by one the minutes seemed
to fold up like a fan
and the heart of the naked fisherman
becalmed its beat in the water
but when the rock was not looking
and the waves had furled their force
in the middle of that mute world
it went off the flash from the man
against the motionless life of the stone
the spear stuck in the pure stone
the wounded fish flapped in the light
harsh flag of an uncaring sea
butterfly of bloodstain and salt.

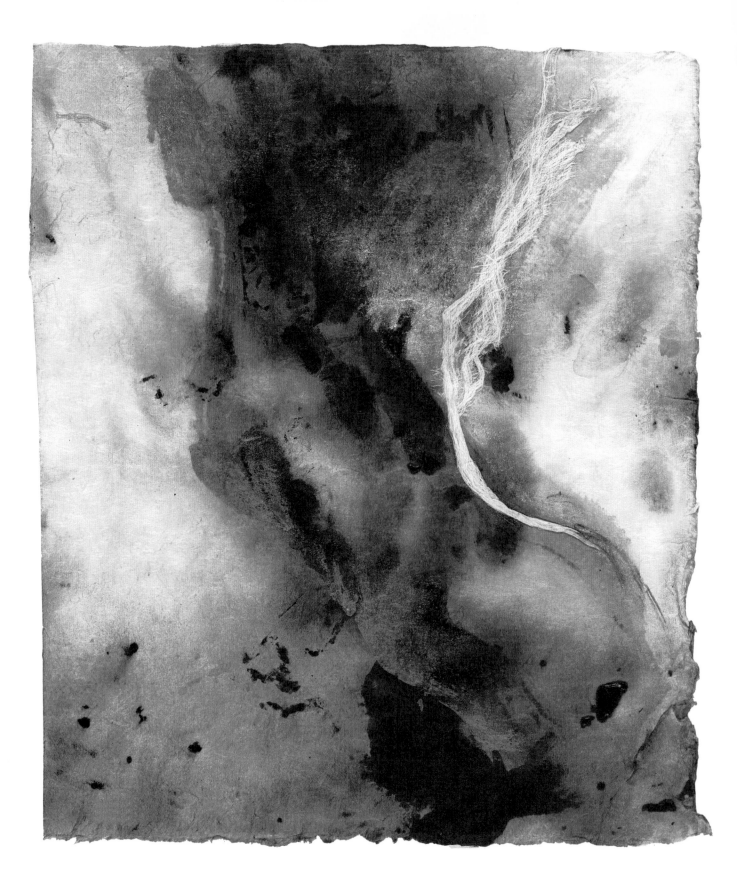

Pacaypallá   *Here, There, Everywhere*

Pacaypallá

Ya está la tierra en torno
de mí dándome vueltas
como el metal al son de la campana.

Ya está de cuanto amé
mi pequeño universo,
el sistema estrellado de las olas,
el desorden abrupto de las piedras.
Lejos, una ciudad con sus harapos,
llamándome, pobre sirena,
para que nunca, no, se desamore
mi corazón de sus duros deberes,
y yo con cielo y lira
en la luz de lo que amo,
inmóvil, indeciso,
levantando la copa de mi canto.

Oh aurora desprendida
de la sombra y la luna en el océano,
siempre vuelvo a tu sal abrasadora,
siempre es tu soledad la que me incita
y llegado otra vez no sé quién soy,
toco la arena dura, miro el cielo,
paseo sin saber dónde camino,
hasta que de la noche
suben y bajan flores indecibles:
en el ácido aroma
del litoral palpitan las estrellas.

Errante amor, retorno
con este corazón fresco y cansado
que pertenece al agua y la arena,
al territorio seco de la orilla,
a la batalla blanca de la espuma.

Now the earth is spinning round me,
dizzying me,
like metal at the sound of bells.

Now I have all I have loved
within my little universe,
the starred order of waves,
the sudden disorder of stones.
Far off, a city in rags
calling me, poor siren,
so that my heart can never, no,
scorn its weight of obligation,
and I with sky and poems
in the light of all I love,
poised here, swithering,
raising the cup of my song.

Oh dawn, breaking out of
the shadow and the moon in the sea,
I always come back to your burning salt.
It is your solitude always which moves me
and, back once more, I don't know who I am.
I touch the hard sand, I look at the sky,
I walk without knowing where I'm going
until out of the night
indescribable flowers rise and fall;
in the salty air
of the coast the stars quiver.

Wandering love, I come back
with this heart both fresh and wearied,
belonging to water and sand,
to the dry spaces of the foreshore,
to the white war of the foam.

Strangers
on the Shore

Desconocidos

en la Orilla

He vuelto y todavía el mar
me dirige extrañas espumas,
no se acostumbra con mis ojos,
la arena no me reconoce.

No tiene sentido volver
sin anunciarse, al océano:
él no sabe que uno estuvo volvió
ni sabe que uno estuvo ausente
y está tan ocupada el agua
con tantos asuntos azules
que uno ha llegado y no se sabe:
las olas mantienen su canto
y aunque el mar tiene muchas manos,
muchas bocas y muchos besos
no te ha dado nadie la mano,
nt te besa ninguna boca
y hay que darse cuenta de pronto
de la poca cosa que somos:
ya nos creíamos amigos,
volvemos abriendo los brazos
y aquí está el mar, sigue su baile
sin preocuparse de nosotros.

Tendré que esperar la neblina,
la sal aérea, el sol disperso,
que el mar respire y me respire,
porque no sólo es agua el agua
sino invasiones vaporosas,
y en el aire siguen las olas
como caballos invisibles.

I have come back, and still the sea
keeps sending me strange foam.
It does not get used to the way I see.
The sand does not recognize me.

It makes no sense to return
to the ocean without warning—
it does not know you return
or even that you were away,
and the water is so busy
with all its blue business
that arrivals go unrealized.
The waves keep up their song
and although the sea has many hands,
many mouths and many kisses,
no hand reaches out to you,
no mouth kisses you;
and you soon must realize
what a feeble thing you are.
By now we thought we were friends,
we come back with open arms,
and here is the sea, dancing away,
not bothering with us.

I will have to wait for the fog,
the flying salt, the scattered sun,
for the sea to breathe and breathe on me;
because water is not just water
but a hazy intrusion,
and the waves roll on in the air
like invisible horses.

Por eso tengo que aprender
a nadar dentro de mis sueños,
no vaya a venir el mar
a verme cuando esté dormido!
Si así sucede estará bien
y cuando despierte mañana,
las piedras mojadas, la arena
y el gran movimiento sonoro
sabrán quién soy y por qué vuelvo,
me aceptarán en su instituto.

Y yo seré otra vez feliz
en la soledad de la arena,
desarrollado por el viento
y estimado por la marina.

And so I have to learn
to swim inside my dreams
in case the sea should come
and visit me in my sleep.
And if that happens, all will be well,
and when tomorrow stirs
on the wet stones, the sand
and the great resounding sway of sea
will know who I am and why I return,
will accept me into their school.

And I can be content again
in the solitude of the sand,
graduated by the wind
and respected by the sea-world.

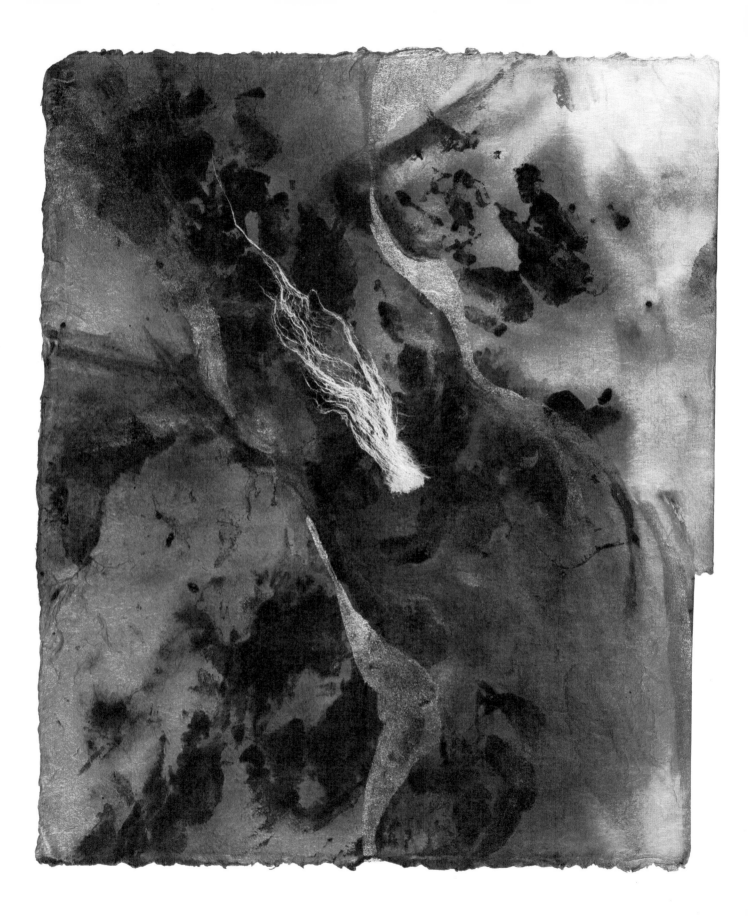

Forget About Me

No Me

Hagan Caso

Entre las cosas que echa el mar
busquemos las más calcinadas,
patas violetas de cangrejos,
cabecitas de pez difunto,
sílabas suaves de madera,
pequeños países de nácar,
busquemos lo que el mar deshizo
con insistencia y sin lograrlo,
lo que rompió y abandonó
y lo dejó para nosotros.

Hay pétalos ensortijados,
algodones de la tormenta,
inútiles joyas del agua,
y dulces huesos de pájaro
en aún actitud de vuelo.

El mar arrojó su abandono.
el aire jugó con las cosas,
el sol abrazó cuanto había,
y el tiempo vive junto al mar
y cuenta y toca lo que existe.

Yo conozco todas las algas,
los ojos blancos de la arena,
las pequeñas mercaderías
de las mareas en otoño
y ando como grueso pelícano
levantando nidos mojados,
esponjas que adoran el viento,
labios de sombra submarina,
pero nada más desgarrador
que el síntoma de los naufragios:
el suave madero perdido
que fue mordido por las olas
y desdeñado por la muerte.

Forget About Me

Among the things the sea throws up,
let us hunt for the most petrified,
violet claws of crabs,
little skulls of dead fish,
smooth syllables of wood,
small countries of mother-of-pearl;
let us look for what the sea undid
insistently, carelessly,
what it broke up and abandoned,
and left behind for us.

Petals crimped up,
cotton from the tidewash,
useless sea-jewels,
and sweet bones of birds
still in the poise of flight.

The sea washed up its tidewrack,
the air played with the sea-things;
when there was sun, it embraced them,
and time lives close to the sea,
counting and touching what exists.

I know all the algae,
the white eyes of the sand,
the tiny merchandise
of the tides in autumn,
and I walk with the plump pelican,
building its soaking nests,
sponges that worship the wind,
shelves of undersea shadow,
but nothing more moving
than the vestiges of shipwrecks —
the smooth abandoned beams
gnawed by the waves
and disdained by death.

Hay que buscar cosas oscuras
en alguna parte de la tierra,
a la orilla azul del silencio
o donde pasó como un tren
la tempestad arrolladora:
allí quedan signos delgados,
monedas del tiempo y del agua,
detritus, ceniza celeste
y la embriaguez intransferible
de tomar parte en los trabajos
de la soledad y la arena.

Let us look for secret things
somewhere in the world,
on the blue shore of silence
or where the storm has passed,
rampaging like a train.
There the faint signs are left,
coins of time and water,
debris, celestial ash
and the irreplaceable rapture
of sharing in the labour
of solitude and the sand.

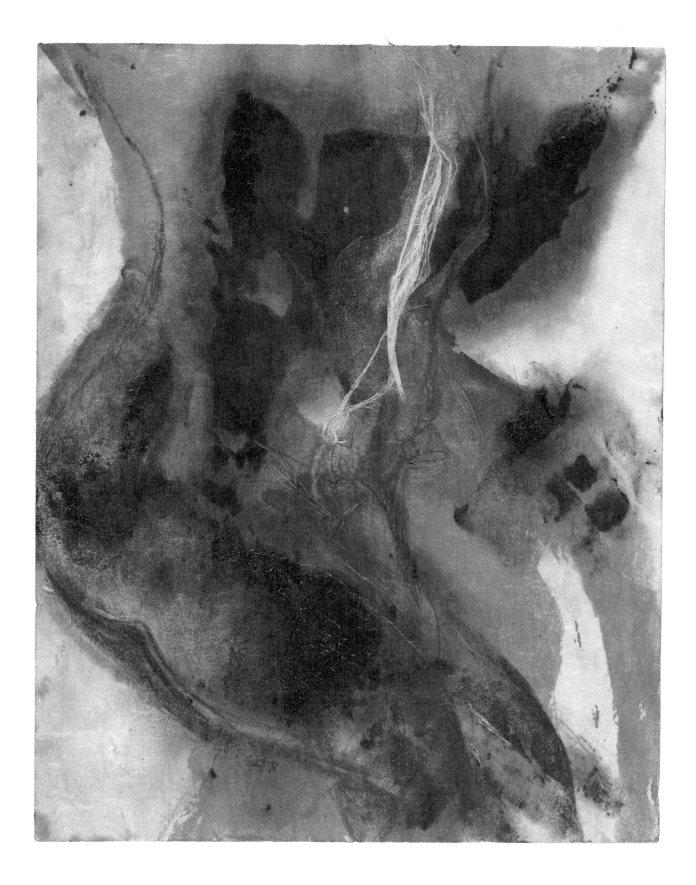

Las Viejas
del Océano

The Old Women
of the Shore

A grave mar vienen las viejas
con anudados pañolones,
con frágiles pies quebradizos.

Se sientan solas en la orilla
sin cambiar de ojos ni de manos,
sin cambiar de nube o silencio.

El mar obsceno rompe y rasga,
desciende montes de trompetas,
sacude sus barbas de toro.

Las suaves señoras sentadas
como en un barco transparente
miran las olas terroristas.

Dónde irán y dónde estuvieron?
Vienen de todos los rincones,
vienen de nuestra propia vida.

Ahora tienen el océano,
el frío y ardiente vacío,
la soledad llena de llamas.

Vienen de todos los pasados
de casas que fueron fragrantes,
de crepúsculos quemados.

Miran o no miran el mar,
con el bastón escriben signos,
y borra el mar su caligrafía.

Las viejas se van levantando
con sus frájiles pies de pájaro,
mientras las olas desbocadas
viajan desnudas en el viento.

To the grave sea come the old women
with shawls knotted round them,
on frail and brittle feet.

They sit themselves on the shore
without changing eyes or hands,
without changing clouds or silence.

The obscene sea breaks and scrapes,
slides down trumpeting mountains,
shakes out its bulls' beards.

The unruffled women sitting
as though in a glass boat
look at the savaging waves.

Where are they going, where have they been?
They come from every corner,
they come from our own life.

Now they have the ocean,
the cold and burning emptiness,
the solitude full of flames.

They come out of all the past,
from houses which once were fragrant,
from burnt-out twilights.

They watch or don't watch the sea,
they scrawl marks with a stick,
and the sea wipes out their calligraphy.

The old women rise and go
on their delicate birds' feet,
while the great roistering waves
roll nakedly on in the wind.

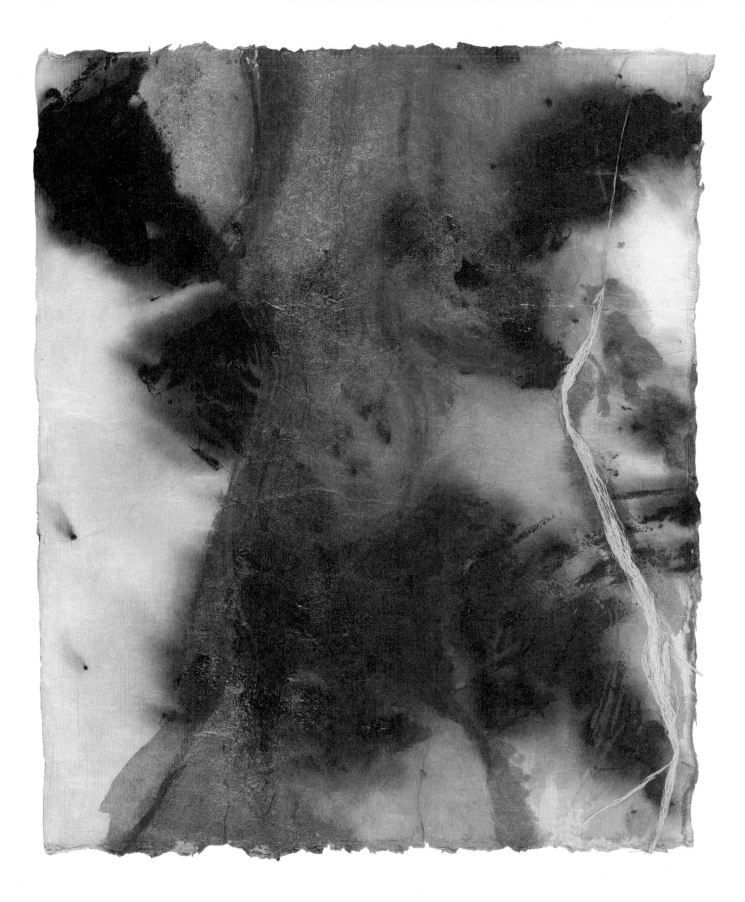

Deber del Poeta

The Poet's
Obligation

Deber del Poeta

A quien no escucha el mar en este viernes
por la mañana, a quien adentro de algo,
casa, oficina, fábrica o mujer,
o calle o mina o seco calabozo:
a éste yo acudo y sin hablar ni ver
llego y abro la puerta del encierro
y un sin fin se oye vago en la insistencia,
un largo trueno roto se encadena
al peso del planeta y de la espuma,
surgen los ríos roncos del océano,
vibra veloz en su rosal la estrella
y el mar palpita, muere y continúa.

Así por el destino conducido
debo sin tregua oír y conservar
el lamento marino en mi conciencia,
debo sentir el golpe de agua dura
y recogerlo en una taza eterna
para que donde esté el encarcelado,
donde sufra el castigo del otoño
yo esté presente en una ola errante
yo circule a través de las ventanas
y al oírme levante la mirada
diciendo: cómo me acercaré al océano?
Yo transmitiré sin decir nada
los ecos estrellados de la ola,
un quebranto de espuma y arenales,
un susurro de sal que se retira,
el grito gris del ave de la costa.

Y así, por mí, la libertad y el mar
responderán al corazón oscuro.

To whoever is not listening to the sea
this Friday morning, to whoever is cooped up
in house or office, factory or woman
or street or mine or dry prison cell,
to him I come, and without speaking or looking
I arrive and open the door of his prison,
and a vibration starts up, vague and insistent,
a long rumble of thunder adds itself
to the weight of the planet and the foam,
the groaning rivers of the ocean rise,
the star vibrates quickly in its corona
and the sea beats, dies, and goes on beating.

So, drawn on by my destiny,
I ceaselessly must listen to and keep
the sea's lamenting in my consciousness,
I must feel the crash of the hard water
and gather it up in a perpetual cup
so that, wherever those in prison may be,
wherever they suffer the sentence of the autumn,
I may be present with an errant wave,
I may move in and out of windows,
and hearing me, eyes may lift themselves,
asking "How can I reach the sea?"
And I will pass to them, saying nothing,
the starry echoes of the wave,
a breaking up of foam and quicksand,
a rustling of salt withdrawing itself,
the gray cry of sea birds on the coast.

So, through me, freedom and the sea
will call in answer to the shrouded heart.

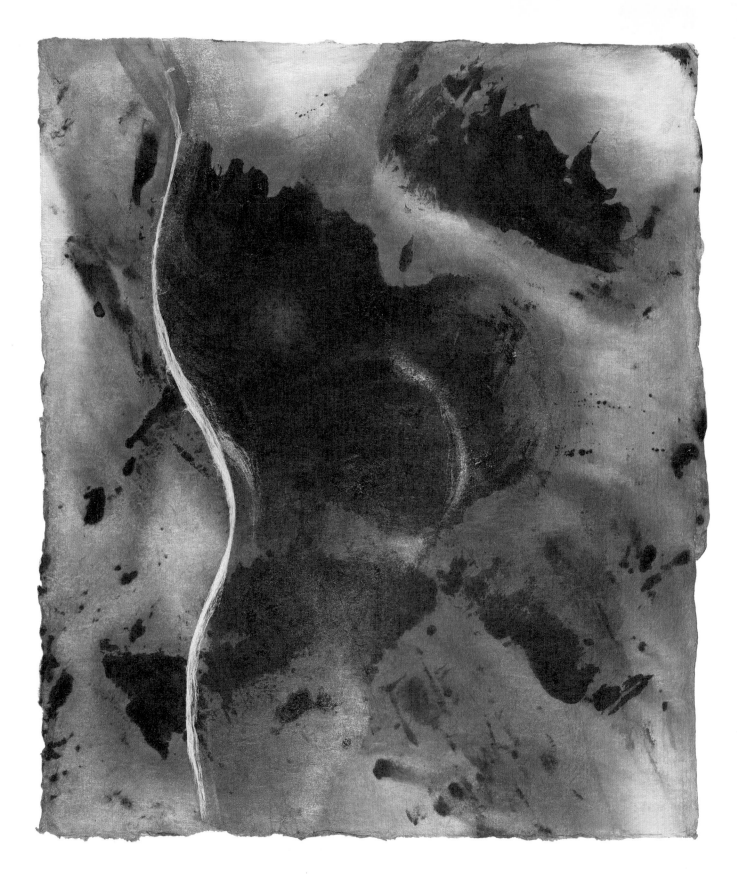

Fin de Fiesta

Estrofa XII

Fiesta's End

Stanza XII

Espuma blanca, Marzo en la Isla, veo
trabajar ola y ola, quebrarse la blancura,
desbordar el océano de su insaciable copa,
el cielo estacionario dividido
por largos lentos vuelos de aves sacerdotales
y llega el amarillo,
cambia el color del mes, crece la barba
del otoño marino,
y yo me llamo Pablo,
soy el mismo hasta ahora,
tengo amor, tengo dudas,
tengo deudas,
tengo el inmenso mar con empleados
que mueven ola y ola,
tengo tanta intemperie que visito
naciones no nacidas:
voy y vengo del mar y sus países,
conozco
los idiomas de la espina,
el diente del pez duro,
escalofrío de las latitudes,
la sangre del coral, la taciturna
noche de la ballena,
porque de tierra en tierra fui avanzando
estuario, insufribles territorios,
y siempre regresé, no tuve paz:
qué podía decir sin mis raíces?

White foam, March in Isla Negra, I see
wave working on wave, the whiteness weakening,
the ocean overflowing from its bottomless cup,
the still sky crisscrossed
by long slow flights of sacerdotal birds,
and the yellow comes,
the month changes color, the beard
of a sea-coast autumn grows,
and I am called Pablo,
I am the same so far,
I have love, I have doubts,
I have debts,
I have the vast sea with its workers
moving wave after wave,
I am so restless that I visit
nations not yet born—
I come and go on the sea and its countries,
I know
the language of the fishbone,
the tooth of the hard fish,
chill of the latitudes,
blood of the coral, the silent
night of the whale,
for from land to land I went, exploring
estuaries, insufferable regions,
and always I returned, I found no peace—
what could I say at all without my roots?

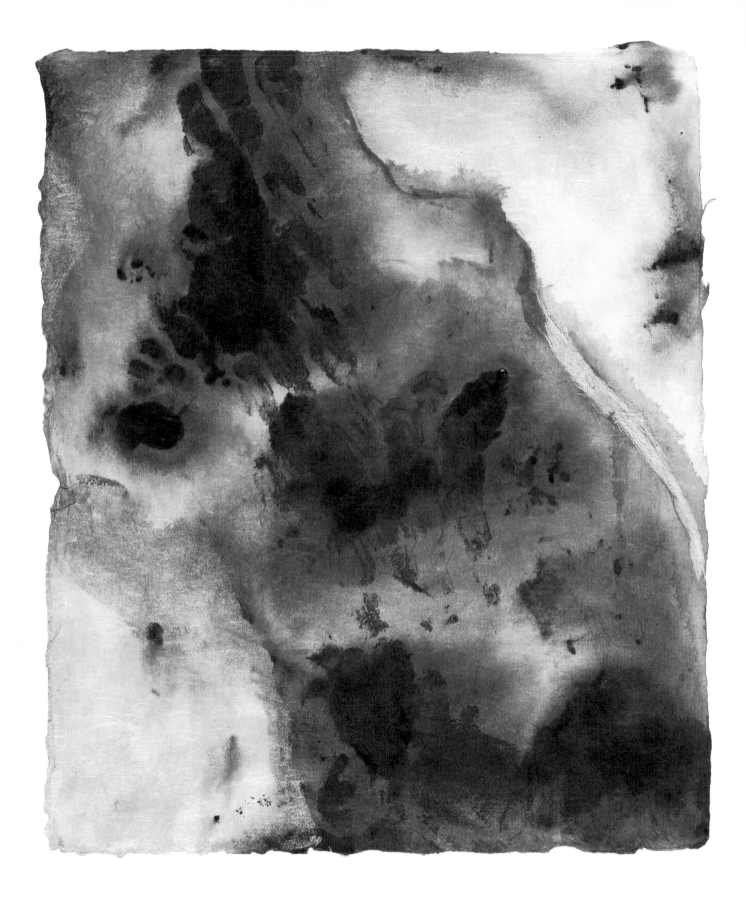

El Perezoso   *Lazybones*

El Perezoso

Continuarán viajando cosas
de metal entre las estrellas,
subirán hombres extenuados,
violentarán la suave luna
y allí fundarán sus farmacias.

En este tiempo de uva llena
el vino comienza su vida
entre el mar y las cordilleras.

En Chile bailan las cerezas,
cantan las muchachas oscuras
y en las guitarras brilla el agua.

El sol toca todas las puertas
y hace milagros con el trigo.

El primer vino es rosado,
es dulce como un niño tierno,
el segundo vino es robusto
como la voz de un marinero
y el tercer vino es un topacio,
una amapola y un incendio.

Mi casa tiene mar y tierra,
mi mujer tiene grandes ojos
color de avellana silvestre,
cuando viene la noche el mar
se viste de blanco y de verde
y luego la luna en la espuma
sueña como novia marina.

No quiero cambiar de planeta.

They will continue wandering,
these things of steel among the stars,
and worn-out men will still go up
to brutalize the placid moon.
There, they will found their pharmacies.

In this time of the swollen grape,
the wine begins to come to life
between the sea and the mountain ranges.

In Chile now, cherries are dancing,
the dark, secretive girls are singing,
and in guitars, water is shining.

The sun is touching every door
and making wonder of the wheat.

The first wine is pink in color,
is sweet with the sweetness of a child,
the second wine is able-bodied,
strong like the voice of a sailor,
the third wine is a topaz, is
a poppy and a fire in one.

My house has both the sea and the earth,
my woman has great eyes
the color of wild hazelnut,
when night comes down, the sea
puts on a dress of white and green,
and later the moon in the spindrift foam
dreams like a sea-green girl.

I have no wish to change my planet.

Epílogo por   *Afterword* by

ANTONIO SKÁRMETA

Epílogo

LA UNIVERSIDAD DEL OLEAJE

Una rápida mirada al mapa de Sudamérica le revelará al lector la extravagante forma de Chile en el continente. Una delgada franja de tierra se extiende por miles de kilómetros desde Perú hasta la Antártica, desde el desierto más yermo del mundo hasta los hielos más australes.

El largo y flaco país sobrevive entre dos inmensidades: la Cordillera de los Andes y el mar. No son pocos quienes especulan que el carácter de viajero empedernido de los chilenos viene de sentirse acorralados entre esas alturas y la verde extensión del océano. El mismo Pablo Neruda le puso un especial énfasis a este modo de habitar en su discurso de aceptación del Premio Nobel de Literatura en 1971: "Vengo de un lejano país separado de todos los otros por la tajante geografía."

Esa insularidad ha alentado por un lado el auge de la imaginación, provocando que el estrecho país quebrara moldes con la lírica de Neruda. Por otro lado, ha transformado a sus habitantes en profesionales de la emigración o el vagabundeo. Los chilenos, habitantes de la más rotunda retaguardia geográfica, son desde hace siglos expertos en el arte del desbande. Y cómo no serlo, si no hay un solo compatriota que esté donde esté no sea desafiado por el mar.

Ese océano fue el que se llevó a uno de los héroes de la única obra teatral de Neruda, Joaquín Murieta, a embarcarse en Valparaíso con rumbo a California embriagado por la quimera del oro. En uno de sus versos, el protagonista expresa el desaprensivo coraje de quienes se aventuraban en lo incierto: "Si me encuentro con la muerte, chileno soy."

Neruda cantó el espectáculo total de la naturaleza pero la vida lo fue haciendo preferir uno u otro elemento del universo en la medida que acumulaba tesoros y fidelidades. Por eso es posible sostener que el viaje por la vida de Neruda va desde la lluviosa matriz del sur de Chile, el barro inclemente, los reinos vegetales con su señorío de bosques y de madera, hasta que desemboca en el mar.

Afterword

THE UNIVERSITY OF THE WAVES

A quick glance at a map of South America reveals Chile's most unusual outline—a narrow landmass running for thousands of miles from Peru to Antarctica, from the most barren desert on earth to its southernmost glaciers.

This long and narrow country manages to survive between two vast entities: the Andes and the sea. Many believe that feeling trapped between high altitudes and the ocean's green vastness is the basis for the Chilean trait that makes them chronic travelers. Pablo Neruda himself called special attention to this way of life in his acceptance speech at the 1971 Nobel Prize in Literature award ceremony: "I come from a distant land, isolated from all others by rugged geography."

On the one hand, Chile's remoteness has prompted a boost to the imagination, thus allowing this narrow country to break the mold with the poetry of Neruda. Yet on the other hand, Chile's isolation has turned the country's inhabitants into experts in both emigration and wandering. For several centuries now, as inhabitants of the planet's most remote region, Chileans have been experts in the art of scattering in all directions, as we take on the challenge of the sea, and the adventures it will always impart upon us.

This same ocean carried away one of the heroes of Neruda's only play, Joaquín Murieta, who, gripped by gold fever, boarded a ship in Valparaíso headed for California. In one of his lines, this main character uttered the glib rant of those who left to face the unknown: "If death finds me, it's because I'm Chilean."

Neruda sang the praises of nature as a whole, but life forced him to choose one universal theme over another as the subjects of his poems, as he amassed treasures and loyalty. Going from his rainy cradle in southern Chile, through the unforgiving mud and the realm of flora and its domain of forests and woods, and finally flowing out to sea, Neruda found a deeper understanding in the possibilities of the natural world.

The sea, Neruda's great friend, was for him both intensity and existence. The ebb and flow of the surf and its foam—resulting from either good or stormy weather—set the tempo for Neruda's breathing and

El mar, es al mismo tiempo profundidad y presencia, y con su vaivén de oleaje y espuma, de claridad o tormenta, establece el ritmo de su respiración e inspiración, y hace que él conciba su creación como un Arca de Noé apta para sobrevivir al gran naufragio y en la cual dejará la huella de sus versos para otras generaciones.

Para el poeta perspicaz es también la fuente de sabiduría. Si el gran Francisco de Quevedo se paseaba por los prados diciendo "No cantan ya los doctos ruiseñores," Neruda podría aludir al mar como el gran maestro del cual aprende fundamentalmente la lección de universalidad.

De niño, Neruda navegó en una pequeña nave por el río Cautín que desemboca al mar en Carague. En esa travesía, Pablo pequeño, perdido, aún sin razón, ni canto ni alegría confiesa que cuando el mar de entonces se desploma ante sus ojos como una torre herida para luego incorporarse encrespado de su furia, "salí de las raíces, se me agrandó la patria, se rompió la unidad de la madera: la cárcel de los bosques abrió una puerta verde por donde entró la ola con su trueno y se extendió mi vida con un golpe de mar, en el espacio."

De allí que el poeta compre una modesta casita a la vera del Pacífico a unos ciento cincuenta kilómetros de Santiago. La pequeña propiedad se ubica en un espacio sin nombre. Neruda la habita y al mismo tiempo bautiza caprichosamente su nuevo espacio: Isla Negra. Esta ceremonia dejará perplejos a sus millones de lectores que cuando visitan hoy este espacio convertido en una abigarrado museo dedicado al vate descubren que no se trata de una isla y que salvo un poco de carbón para calentar una estufa tampoco hay nada negro.

Esta casa de Isla Negra será el lugar donde arranque a su inspiración casi la mitad de su obra. Es al mismo tiempo el espacio íntimo y mítico donde el fogoso amor que a comienzos de los cincuenta había iniciado con Matilde Urrutia en un exilio en Capri, se asienta y decanta. Allí se escriben los "Cien Sonetos de Amor." Allí es la época de los plenos poderes, donde las pulsaciones de sus arterias, siguen el ritmo de los sístoles y diástoles del oleaje. Es el poeta que ha recorrido el mundo entero, ha visto guerra y tragedias, y encuentra en la cercanía del océano los materiales esenciales para su lírica.

De joven había visto en el mar la juguetona y hasta destructiva potencia anárquica, la sexualidad de una fiera, como en *Oda al Mar:*

Aquí en la isla el mar y cuánto mar. Se sale de sí mismo a cada rato,
dice que sí, que no, que no que no, que no, dice que sí en azul, en espuma,
en galope, dice que no, que no.

Los años políticos de Neruda y sus viajes por grandes extensiones lo llevan a contemplar el mar de cuanto continente pisa y así como milita por una sociedad universal de justicia e igualdad ve aun en los

inspiration, allowing him to envision his work as a kind of Noah's Ark sufficiently seaworthy to survive the momentous shipwreck on which he would leave the mark of his verses for generations to come.

The sea was also this shrewd poet's source of knowledge. If the great Francisco de Quevedo could stroll through meadows declaring that "the learned nightingales no longer sing," then Neruda had the right to think of the sea as the great teacher from whom he learned universality's essential lessons.

As a child, Neruda piloted a small boat down the River Cautín, which flows out to sea at Carague. During his journey, the young, lost Pablo—who was not old enough yet to reason clearly—saw a sea wave come crashing down like a crumbling tower, only to then blend back into the ocean with all its fury: "I left my roots behind, my country became larger, and the unity of the woods was broken. The forest prison opened one of its green doors through which flowed the thundering wave, and my life was expanded in space with the crash of the sea."

Later on, Neruda bought a simple house on the Pacific coast about ninety miles from Santiago. This small piece of real estate was located in a nameless spot, so when he moved in, he immediately and whimsically christened his new abode Isla Negra, "Black Island." In the future, Neruda's formal naming of his home would perplex millions of readers who visit the house—now converted into a cluttered museum dedicated to the bard—when they discover that it is not an island, and save for a few pieces of coal used to warm the stove, there is nothing black about it.

At Isla Negra, Neruda's creativity thrived, turning out half of all his work. During this intimate and legendary period, he settled down with Mathilde Urrutia, with whom he initiated a passionate love affair in the early 1950s during his exile on the isle of Capri, a love that became even stronger at Isla Negra, where he also wrote "The Hundred Love Sonnets." The Isla Negra period was a powerful time when Neruda's arterial pulse followed the rhythm of the tides' ebbs and flows. He was a poet who traveled the globe, witnessed wars and tragedies, but it was at the seashore where he found the tools necessary to write his poetry.

As a young man, Neruda became aware of the playful—and destructive—anarchical power of the sea, which he likened to a beast's sexuality, as he wrote in his "Ode to the Sea":

> Here, surrounding the island, there's sea; but what sea? It's always overflowing. It says yes, then no, then no again, and no. It says yes in blue, in sea spray. Raging, it says no, and no again.

The years Neruda spent involved in politics and traveling to faraway places allowed him to contemplate the seas around the world. Even as he advocated a global society based on justice and equality,

distantes océanos de la China el mismo vaivén fraterno de su aguas chilenas. Se trata de la *Oda a un solo mar*, donde su fantasía política se extrema: "De mar a mar un sólo sueño verde" o bien "Este mar, esta ola, viene de tierra americana."

Así como la utopía de los socialismos reales se fue gastando en la desinspiración burocrática y represiva, Neruda va sufriendo los achaques del cuerpo. La enfermedad invasora que lo llevará a la muerte ya lo acompaña en sus momentos de más gloria: cuando vive en Francia como el Embajador de Chile enviado por el revolucionario doctor Salvador Allende, cuando viaja a Suecia a recibir el Premio Nobel de Literatura, cuando la fama creciente atrae a su esfera el avasallador entusiasmo de sus admiradores. El poeta que canta, el poeta con potencia de terremoto, tiene que padecer también los ruidos sordos del trabajo diplomático, de la rutina burocrática, y de la angustia por advertir que algo siniestro se está tramando contra su amado Chile: justo el Golpe brutal que derrocó a la democracia en 1973.

Ahora el sentido del mar se acomoda a las nuevas circunstancias de infortunio: el hombre ya no cree más en el único sueño verde de los mares del planeta, sino que elige a uno. Al *one and only* Océano Pacífico de su dulce Isla Negra. Lejos de su musa natural y asediado por tediosos requerimientos laborales, don Pablo sólo quisiera canjear su pálido presente por la plenitud de ese Pacífico que regala derrumbes de turquesas.

La fúnebre, contradictoria visión de este mar sano que ya no lo regenerará, asume en la realidad una forma más concreta, más áspera y amarga que aquella que el poeta soñó. Es septiembre de 1973, la democracia chilena es arrasada por un golpe militar, y el poeta en su casa refugio de Isla Negra siente crecer la fiebre de un cáncer expandido y alucina con el grave himno de sus compatriotas democráticos asesinados por la reciente dictadura. Su final se acelera y crecientemente la fusión entre el mar que ve desde su ventana y su propio cuerpo moribundo se perfecciona: "hasta que todo lo que pudo ser / se convirtió en silencio," culmina el texto profético de *Soliloquio en las Olas* que tan expresivamente interpretó la pintura de Mary Heebner.

Ni en Neruda ni en las magníficas pinturas de Mary Heebner su enseñanza ha derivado en el pintoresquismo ilustrativo, ni en el toque dulce de los sentimentales cazadores de crepúsculos. Ambos se han encontrado en el mar profundo. Hay gracia, pero no ironía, cuando el escritor chileno nos habla de la universidad del oleaje, y celebra con ese ímpetu que nutre toda su poesía la adhesión al puro movimiento.

La pintora, esencial a su vez, supo crear la sensación del frío azul que crepita, del desmoronamiento de una estrella y sin valerse de ninguna fatigante superficialidad entró a las aguas profundas, aquellas que Neruda rescató como un codicioso buzo, esas que sostienen el mismo vaivén que otro gran Premio Nobel, Saint-John Perse, había llamado "el mar de toda edad y todo nombre, el mar interior a nuestro canto."

Hace cien años nació en Chile Neruda, este iluminado de párpados dormidos y lenta voz nasal. Pirata de la palabra en todos los océanos llenó su mítica casa de Isla Negra con gigantescas caracolas, redes,

he still could make out the familiar tides of his Chilean waters in China's distant seas, as he wrote in his "Ode to a Single Sea," where he expresses his political fantasies in extreme terms: "From sea to sea there's only one green dream" or "This sea, this wave, flows from the Americas."

In the same way that the utopias of genuine socialist governments slowly wasted away under the hopeless lack of incentive and repression, Neruda began to suffer from physical ailments. At that time—while serving as Chilean Ambassador to France, after being named to that position by the revolutionary Dr. Salvador Allende—the invasive malignancy that would bring him his death was growing in his body. This disease also accompanied him when he traveled to Sweden to receive the Nobel Prize in Literature, and as his growing fame began to motivate his admirers' overwhelming enthusiasm. Neruda, a poet who sang, a poet who possessed seismic energy, was then besieged with diplomatic small talk, bureaucratic routines, and finally from the anguish he felt after warning that a sinister plot was unfolding against his beloved Chile, which turned out to be the brutal coup d'état that overthrew its democracy in 1973.

From that moment on, Neruda's sense of the sea had to adjust to his new, unfortunate circumstances. Neruda no longer believed in a sole green vision of all the earth's seas, but instead, he chose just one. The one and only Pacific Ocean of his sweet Isla Negra. Far from his natural muse and overwhelmed by tedious work requirements, Neruda only wanted to replace his insipid present with the bounty of a Pacific that bestowed turquoise waves.

The mournful, ambiguous image of Neruda's harsh yet healing sea could no longer regenerate him, taking on a more tangible shape, rougher and more bitter than he imagined. In September 1973, as Chilean democracy was shattered in a military coup and Neruda endured a fever caused by the growing malignancy, he hallucinated along with the poignant chorus of his pro-democracy compatriots, then murdered by the newly installed dictatorship. As the end drew near, the synthesis of the sea that he saw from his window and his battered body gradually came to a close: "until everything that was able to / changed itself into silence"—the prophetic closing of *Soliloquy in the Waves*, so vividly illustrated in Mary Heebner's painting.

Neither Neruda's musings on the sea nor Mary Heebner's magnificent paintings resort to descriptive picturesqueness or to the saccharine sentimentality of twilight hunters. Both have met in the deep seas. When the Chilean writer speaks of the university of the waves, he does so with wit, but not sarcastically, and with that momentum, he nourishes his poetry's bond with movement in its purity.

The painter, whose work is equally essential, knew how to create the crackling cool blue sensation of a dying star. And without resorting to any exhausting superficiality, she dove into the deep waters, the same ones that Neruda rescued like a greedy diver, the same ones that bolstered the ebbs and flows that another great Nobel Laureate, Saint-John Perse, called "the sea of all ages and names, the sea behind our song."

Neruda, that enlightened man with droopy eyelids and a slow, nasal voice, was born one hundred years ago in Chile. He was a verbal buccaneer to all of the planet's oceans and filled his legendary home

instrumentos de navegación, globos terráqueos, campanas, y hasta mascarones de proa que, al igual que en los milagros que contaban los ingenuos santos medievales, lloran con lágrimas reales su ausencia. Estoy seguro que al más marinero de los líricos le hubiera gustado recibir en este triunfal centenario el regalo tan íntimamente congenial de las pinturas de Mary Heebner. Yo le estoy muy agradecido, y estoy seguro de que el mundo entero también se lo estará.

ANTONIO SKÁRMETA

with gigantic seashells, nets, navigational instruments, globes, bells, and even figureheads, which just like the miraculous and ingenious medieval images of saints, shed real tears of absence. I am sure that this most maritime of poets would have been pleased to have received, during this splendid centennial of his birth, such an affably personal gift as Mary Heebner's paintings. I know I am, and am sure the world will be as well.

ANTONIO SKÁRMETA

ALASTAIR REID is a poet, a prose writer, a translator, and a traveler. He has published more than thirty books—poems, prose chronicles, translations—and has translated the work of many Latin American writers, Borges and Neruda in particular.

ALASTAIR REID es poeta, escritor, traductor y viajero. Ha publicado más de treinta libros (de poemas, crónicas, traducciones) y ha traducido las obras de varios autores latinoamericanos, incluyendo las de Borges y Neruda.

MARY HEEBNER is a visual artist and writer whose paintings, photographs, and artist's books are in museums, libraries, and public and private collections worldwide.

MARY HEEBNER es una artista visual y escritora cuyas pinturas, fotografías, y libros de artista hacen parte de diversas colecciones privadas y públicas en museos y bibliotecas del mundo entero.

ANTONIO SKÁRMETA was born in Antofagasta, Chile. He has lived in Europe and in the United States for many years, where he has worked as a screenwriter, professor, and movie director. His novels and story collections have been published around the world and have been translated into more than twenty languages.

ANTONIO SKÁRMETA nació en Antofagasta, Chile. Durante muchos años vivió en Europa y en los Estados Unidos en donde ha trabajado como guionista, profesor y director de cine. Sus novelas y sus cuentos han sido publicados en todo el mundo, y han sido traducidos a más de veinte idiomas.